EINE OMA MIT VIELEN ENKELKINDERN BESCHLOSS, JEDEM ZU WEIHNACHTEN EINEN SELBSTGENÄHTEN STOFFBÄREN ZU SCHENKEN. SO SASS SIE TAG UM TAG AN IHRER NÄHMASCHINE, BIS IHR ABENDS VOR MÜDIGKEIT DIE AUGEN ZUFIELEN.

KURZ VOR WEIHNACHTEN WAREN ALLE BÄREN FERTIG UND DIE OMA GING MÜDE, ABER GLÜCKLICH ZU BETT. DA BEGANNEN SICH WIE DURCH EIN WUNDER DIE MIT VIEL LIEBE GEMACHTEN BÄREN ZU BEWEGEN UND SOGAR MIT GANZ LEISER STIMME ZU SPRECHEN.

„ICH HABE LUST ZU ZEICHNEN!", SAGTE EINER UND FING SOGLEICH AN, VIELE KLEINE FIGUREN ZU ZEICHNEN.

SCHILDA
PRACHT-
WEDEL
SPITZZAHN
TOC TOC
PIEPSMAUS
PROFESSOR
WEISSALLES
ZICK
BONGO
SCHIMPA
ROBINSON
WETZ
RINGELFRATZ
RADI
SPINNA
ROBBY
HIPPO
BIENCHEN
ZIPP
DIEBISCHE
ELSTER
KOKODRILL
JOHANN
IGOR
VIELFRASS
ART PINSEL
PIM
PUM
PAM

FRANZ
SCHWARZ-
FLÜGEL
KÄRTCHEN
BLÄTTCHEN
PANDA
MISTER DOLLAR
STRUZZI
KAN GARU
PINOCCHIO
RAFI
DIE KÄFERCHEN UND
SIEBENPÜNKTCHEN
PIA
THEA
LEA
RHINO
MADAME RHINO
LEONSTEIN
SNIFF
KATER KRATZ
QUACK
BEN
KAM-EL

„ICH MÖCHTE SCHREIBEN!" SAGTE EIN BÄRENMÄDCHEN UND BEGANN GLEICH AUF DER SCHREIBMASCHINE ZU KLAPPERN.

GANZ IN DER NÄHE BEFAND SICH EIN ALTER SCHUPPEN, IN WELCHEM EINE DRUCKMASCHINE STAND, DIE SCHON LANGE NICHT MEHR GEBRAUCHT WORDEN WAR.

GLEICH MACHTEN SICH ALLE AN DIE ARBEIT, UND NOCH VOR DEM MORGENGRAUEN WURDE IHR BUCH FERTIG: DAS GROSSE WÖRTERBUCH DER BÄREN!

Das große
Wörterbuch
der Bären

Das große Wörterbuch der Bären

Illustrationen von Tony Wolf
Text von Peter Holeinone

tosa

From an idea by ANDREA DAMI

Übersetzung: Sibylle von Flüe
Cover von Peter Udo Pinzer, Eppstein
Druck: Tlačiarne BB s.r.o., Slovakia

www.tosa-verlag.com

A a

AKROBAT

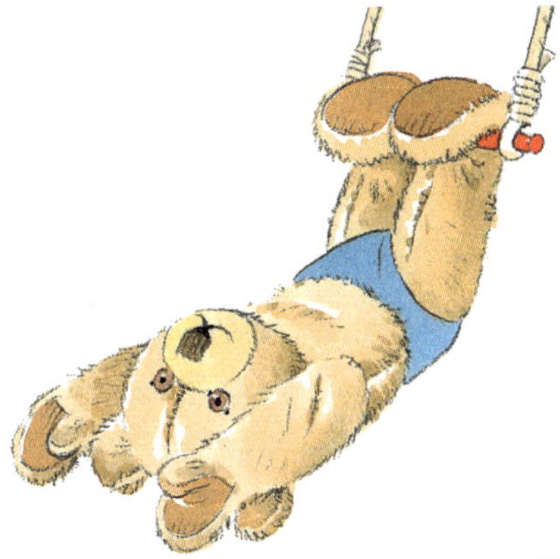

ABDRUCK

DER UNGLÜCKSRABE WOLLTE SEINEN **ABDRUCK** IM FRISCHEN ZEMENT HINTERLASSEN.

ABHANG

RINGELFRATZ KANN MÜHELOS JEDEN **ABHANG** HINUNTERROLLEN.

ABNEHMEN

AB HEUTE WILL HIPPO **ABNEHMEN**. JOHANN BRINGT IHM GERADE SEIN MITTAGESSEN.

ABSAGEN

ES REGNET! GRETCHEN MUSS LEIDER IHR GARTENFEST **ABSAGEN**!

ABSCHREIBEN

PINOCCHIO KANN DIE RECHNUNG NICHT LÖSEN. NUN WILL ER DAS RESULTAT **ABSCHREIBEN**.

ABSICHT

DIE DIEBISCHE ELSTER HAT ZIPP NACH DER UHRZEIT GEFRAGT. HAT SIE DIES ETWA MIT BÖSER **ABSICHT** GETAN?

ABZWEIGUNG

ZIPP HAT SICH ZU SPÄT ENTSCHIEDEN, WELCHE RICHTUNG ER AN DER **ABZWEIGUNG** EINSCHLAGEN SOLL.

AKZENT

ROBINSON IST GERADE VON SEINER LANGEN REISE ZURÜCKGEKEHRT. ER SPRICHT MIT EINEM FREMDLÄNDISCHEN **AKZENT**.

ANHALTEN

WETZ MÖCHTE PER AUTOSTOPP IN DIE STADT FAHREN. FALLS NIEMAND **ANHÄLT**, WIRD ER ZU FUSS HINGEHEN.

ANHÄUFEN

MISTER DOLLAR KANN EIN VERMÖGEN **ANHÄUFEN**, INDEM ER AM NORDPOL EISSCHRÄNKE VERKAUFT.

ANLAUFEN

TEDDY FREUT SICH JEDESMAL, WENN DIE SCHEIBEN **ANLAUFEN**. ER KANN DANN MIT DEM FINGER DARAUF ZEICHNEN.

ALPHABET

GEFALLEN DIR DIE ZEICHNUNGEN, DIE TEDDY ZU JEDEM BUCHSTABEN DES **ALPHABETS** GEMACHT HAT?

Aa

Bb

Cc

Dd

Ee

Ff

Gg

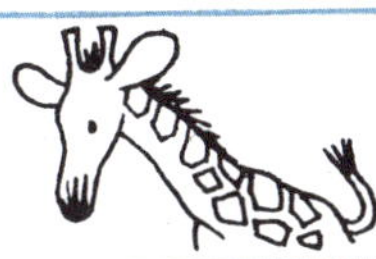

Hh

Ii

Jj

Kk

Ll

Mm

Nn

Oo

Pp

Qq

Rr

Ss

Tt

Uu

Vv

Ww

Xx

Yy

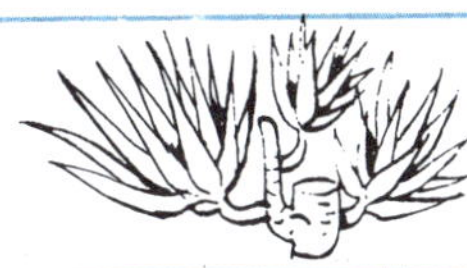

Zz

ANTWORT

LEISE FRAGT SCHIMPA: „DARF ICH EINE BANANE NEHMEN?", UND DENKT: „KEINE **ANTWORT** IST AUCH EINE **ANTWORT**!"

ANVERTRAUEN

GACKERVIEL HAT DEM UNGLÜCKSRABEN EIN GEHEIMNIS **ANVERTRAUT**. BALD IST ES KEIN GEHEIMNIS MEHR.

ARGWOHN

MISTER DOLLAR BETRACHTET MIT **ARGWOHN**, WIE LANGFINGER UM DIE BANK SCHLEICHT.

ARBEITEN

MISTER DOLLAR **ARBEITET** HART IN SEINER GOLDMINE.

ARCHITEKT

IGELCHEN HAT SICH VON EINEM **ARCHITEKTEN** EIN HAUS ENTWERFEN LASSEN, WELCHES KEINEM DER HIER ABGEBILDETEN GEBÄUDE GLEICHT.

ASTRONAUT

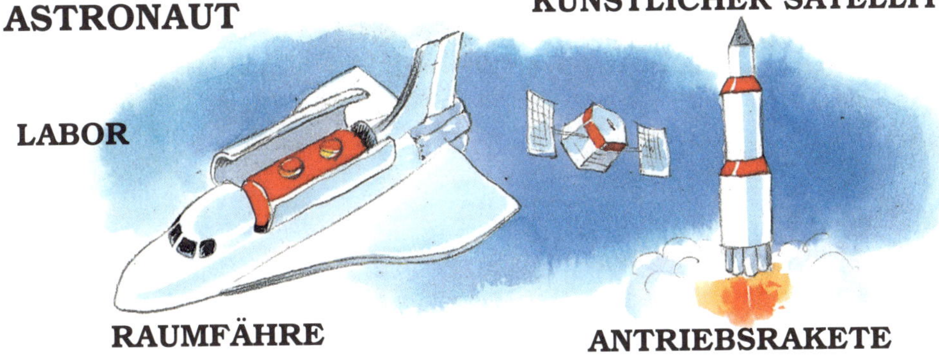

VON FUX MÖCHTE GERNE **ASTRONAUT** WERDEN. OB IHM DAS GELINGEN WIRD?

ASTRONOMIE

PLANETEN, DIE SICH UM DIE SONNE DREHEN.

MOND, DER SICH UM DIE ERDE DREHT.

DIE **ASTRONOMIE** IST DIE LEHRE VON DEN STERNEN. LEONSTEIN BEOBACHTET DIE STERNE UND GLAUBT, EINEN NEUEN PLANETEN ENTDECKT ZU HABEN, DABEI IST ES NUR EIN...

AUFGABE

HEUTE HABEN DIE SCHÜLER FÜR LEONSTEIN EINE **AUFGABE** VORBEREITET.

AUFHALTEN

MUSS DENN VON FUX DEN GANZEN VERKEHR **AUFHALTEN**?

AUFHÖREN

WIE DER REGEN **AUFHÖRT**, WILL QUACK WIEDER INS WASSER ZURÜCK.

AUFLADEN

WENN ROBBY MÜDE IST, LEGT ER SICH NICHT SCHLAFEN, SONDERN LÄSST SEINE BATTERIEN **AUFLADEN**.

AUFPASSEN

WENN MAMA LAMPE AUSSER HAUS IST, MUSS PAPA LAMPE ALLEIN AUF DIE ZWILLINGE **AUFPASSEN**.

AUFRICHTEN

RHINO HAT BEI SEINER WEGFAHRT DIE STRASSENLATERNE UMGEFAHREN!

BEI SEINER RÜCKKEHR KANN ER SIE WIEDER **AUFRICHTEN**!

AUFSCHREIBEN

TEDDY WILL DIE NAMEN ALLER TIERE, DIE IM WÖRTERBUCH VORKOMMEN, **AUFSCHREIBEN**. HILFST DU IHM DABEI?

AUSEINANDER HALTEN

SO KANN MAMA LAMPE DIE BEIDEN SCHLINGEL PAFF UND PUFF BESSER **AUSEINANDER HALTEN**.

AUSGERECHNET

HERRN GRABER IST DER WECKER AUS DEN HÄNDEN GEGLITTEN UND **AUSGERECHNET** OSKAR AUF DEN KOPF GEFALLEN.

AUSLECKEN

MMMHH, DAS SCHMECKT! ABER DARF MAN DEN TELLER **AUSLECKEN**?

AUSSER

ALLE **AUSSER** TIMMY NEHMEN AM HUNDETREFFEN TEIL.

AUSSERGEWÖHNLICH

ÄUSSERST

MISTER DOLLAR IST SEHR REICH, WEIL ER EINEN **ÄUSSERST** FEINEN RIECHER FÜR GUTE GESCHÄFTE HAT.

AUSSPRECHEN

SPITZZAHN HAT EINEN ZAHN VERLOREN. NUN KANN ER GEWISSE WÖRTER NICHT MEHR DEUTLICH **AUSSPRECHEN**.

AUSWRINGEN

NACHDEM RINGELFRATZ INS WASSER GEFALLEN IST, MUSS SPITZZAHN SIE **AUSWRINGEN**.

AUTO

ZIPP BEFESTIGT EINE RAKETE AUF SEINEM **AUTO**, DAMIT ER SCHNELLER VORWÄRTS KOMMT.

AUTOBUS

PIEPSMAUS HAT DEN **AUTOBUS** VERPASST. HOFFENTLICH KANN ER IHN AN DER NÄCHSTEN HALTESTELLE ERREICHEN.

WENN RINGELFRATZ SICH AUFRICHTET, HAT SIE EINE **AUSSERGEWÖHNLICH** GUTE AUSSICHT.

AUTOMOBILE

ZIPP IST ERSTAUNT ÜBER DIE
VIELFALT DER **AUTOMOBILE**
IM STRASSENVERKEHR.

B b

BETT

BANKROTT

MISTER DOLLAR IST **BANKROTT**. ALLE KUNDEN WOLLEN IHR GELD ZURÜCKHABEN.

BEFOLGEN

TEDDY **BEFOLGT** DEN RAT DES DOKTORS, DORT, WO ER DEN KOPF ANGESCHLAGEN HAT, EINE SALBE AUFZUTRAGEN.

BEGABT

ART PINSEL IST WIRKLICH EIN **BEGABTER** KÜNSTLER.

BAUERNHOF

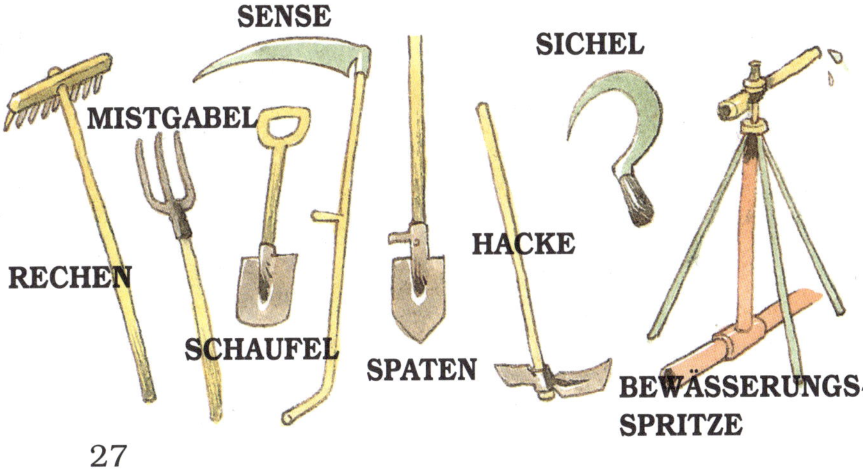

BAUER GRUNZKE IST SEHR TÜCHTIG. HIER SIND ALLE GERÄTE UND MASCHINEN, DIE ER BEI SEINER ARBEIT BENÖTIGT.

BEGEGNEN

GANZ ZUFÄLLIG **BEGEGNEN** TIMMY, BULLY UND SCHNÄUZCHEN AUF IHREM SPAZIERGANG HERRN GRABER.

BEGEISTERUNG

VOLLER **BEGEISTERUNG** LÄSST SICH IGELCHEN BEIM FUSSBALLSPIEL MITREISSEN.

BEGIESSEN

JEDEN TAG **BEGIESST** BIENCHEN IHRE LIEBLINGSBLUME.

BEHANDELN

MISTER DOLLAR IST REICH GEWORDEN...

...NUN **BEHANDELT** ER ALLE SEHR HOCHNÄSIG.

BEIDE

JUMBO UND SCHIMPA HABEN SICH IN DER WÜSTE VERIRRT. **BEIDE** SIND MÜDE UND DURSTIG.

BELADEN

DAS ESELCHEN VERLIERT DIE GEDULD: „DER WAGEN IST ZU SCHWER **BELADEN**!"

BEMERKEN

KOKODRILL HAT NOCH NICHT **BEMERKT**, DASS DIE BANK FRISCH GESTRICHEN WORDEN IST.

BENEIDEN

ROBINSON IST SEHR GLÜCKLICH UND **BENEIDET** NIEMANDEN.

BEOBACHTEN

MIT SCHARFEN AUGEN **BEOBACHTET** BLEPPO, WIE LANGFINGER EINEN APFEL STEHLEN WILL.

BERG

DIE KÄFERCHEN HABEN HIPPO ZUM ESSEN EINGELADEN. NUN IST EIN **BERG** VON TELLERN ABZUWASCHEN.

BERGSTEIGER

FRANZ SIEHT WIRKLICH WIE EIN **BERGSTEIGER** AUS.

BERUF

DIES IST JOHANN.
SEIN **BERUF** IST ZEREMONIENMEISTER IM WÖRTERBUCH DER BÄREN.

BERUHIGEN

FLÄUMCHEN HAT SCHLECHT GETRÄUMT.
DIE MAMA **BERUHIGT** IHN MIT EINEM KUSS.

BERÜHMT

PINOCCHIO IST **BERÜHMT** FÜR SEINE...

BESCHÄDIGEN

ZIPP HAT DEM ELEGANTEN HERRN NACHGESCHAUT, DABEI HAT ER SEIN AUTO UND DEN LATERNENPFAHL **BESCHÄDIGT**.

BESCHLIESSEN

„NÄCHSTES MAL WERDE ICH EINEN TEIL DER AUSRÜSTUNG ZU HAUSE LASSEN!", **BESCHLIESST** FRANZ.

BESETZEN

PASS DOCH AUF, HIPPO, DIE BEIDEN PLÄTZE SIND SCHON **BESETZT**!

BESONDERS

DER SPÜRHUND HÄLT SICH FÜR GANZ **BESONDERS** SCHLAU.

BESORGT

ROBINSON IST SEHR **BESORGT**.
DIE SONNE KÖNNTE DEN EISBERG ZUM SCHMELZEN BRINGEN.

BESTREITEN

LANGFINGER KANN NOCH SO SEHR **BESTREITEN**, VOM HONIG GENASCHT ZU HABEN, DIE BIENEN GLAUBEN IHM NICHT!

BESUCH

WELCHE ÜBERRASCHUNG! MITTEN IN DER NACHT KOMMT ROBINSON AUF **BESUCH**!

BETT

LETZTE WOCHE HAT SCHLAFMÜTZCHEN NICHT EIN EINZIGES MAL SEIN **BETT** VERLASSEN.

BEWEGEN

BLEPPO IST EINGEROSTET. DANK TIGERCHENS HILFE KANN ER SICH BALD WIEDER **BEWEGEN**.

BEWACHEN

MISTER DOLLAR HAT VERDÄCHTIGE GERÄUSCHE GEHÖRT. DARUM **BEWACHT** ER WÄHREND DER GANZEN NACHT SEINEN KASSENSCHRANK.

BEWUNDERN

TOC TOC **BEWUNDERT** SICH GERNE IM SPIEGEL.

BILDER

ALLE SIND VON DEN **BILDERN** IM WÖRTERBUCH BEGEISTERT.

BLEIBEN

„WILHELMINCHEN, HIER KANNST DU NICHT **BLEIBEN**, DU VERSPERRST DIE HAFENEINFAHRT!"

BLITZ

DAMIT JEDER SIEHT, WIE SCHNELL ER FLIEGEN KANN, LÄSST VON FUX EINEN **BLITZ** AUF SEIN FLUGZEUG MALEN.

BODEN

HERR GRABER IST AUF SCHATZSUCHE, ER GRÄBT TIEF IM **BODEN**.

BLUME

BIENCHEN FLIEGT EMSIG ZWISCHEN DEN VIELEN **BLUMEN** HIN UND HER.

BRAUCHEN

HERR GRABER BEHAUPTET IMMER, ER **BRAUCHE** KEINE BRILLE...

BRAV

BEVOR DIE LEHRERIN WEGGEGANGEN IST, HAT SIE IHRE SCHÜLER ERMAHNT: „BLEIBT **BRAV** AUF EUREN PLÄTZEN SITZEN!"

BREMSEN

DER ABHANG IST STEIL. DER KAPITÄN BEGINNT RECHTZEITIG ZU **BREMSEN**.

BÜCKLING

MIT EINEM TIEFEN **BÜCKLING** EMPFÄNGT KOKODRILL MISTER DOLLAR.

BRIEFMARKE

AUS EINER **BRIEFMARKE** WIRD EIN NEUES KLEID FÜR KÄRTCHEN GEMACHT.

BUSSE

BLEPPO LÄSST NICHT MIT SICH REDEN: BEN KAM-EL HAT AUF DEM FUSSGÄNGERSTREIFEN GEPARKT UND MUSS EINE **BUSSE** BEZAHLEN.

BÜRO

MISTER DOLLAR HAT EINE BANK. IN DER BANK IST SEIN **BÜRO**. IN SEINEM **BÜRO** GIBT ES:

C c

COMPUTER

CHAOS

WELCH EIN VERKEHRS-**CHAOS**!

CHOR

BALD WIRD DER **CHOR**
DER KÄFERCHEN
IM FERNSEHEN AUFTRETEN.

D d

DOKTOR

DA

„**DA** HABE ICH MEINE BRILLE LIEGEN LASSEN“, RUFT LEONSTEIN.

DANK

DIESMAL WIRD TIGERCHENS MANNSCHAFT **DANK** RAFI GEWINNEN.

DAME

BEIM BOTSCHAFTSEMPFANG ERSCHEINT MADAME RHINO ALS GROSSE **DAME**.

DANKBAR

BULLY IST **DANKBAR**, DASS TIMMY IHN IN SEIN HAUS EINGELADEN HAT.

DARSTELLEN

ART PINSEL MÖCHTE GERNE WISSEN, WAS DAS BILD VON SCHIMPA **DARSTELLT**.

DAUER

OSKARS SCHIFERIEN WAREN NUR VON KURZER **DAUER**.

DAUERND

DIE GANZE ZEIT HAT ZICK VERSUCHT, DIE FEUERWEHR ANZURUFEN, ABER DAS TELEFON WAR **DAUERND** BESETZT.

DEKORIEREN

GRÜNZCHEN **DEKORIERT** DEN WEIHNACHTSBAUM. SEIN ONKEL WURDE MIT EINEM ORDEN DEKORIERT.

DESHALB

WOLF ATTILA HAT ZU WEITE HOSEN AN. **DESHALB** MUSS ER SIE IMMER MIT EINER TATZE FESTHALTEN.

DESINFEKTIONSMITTEL

„STIMMT!", DENKT GRÜNZCHEN, „DIESES **DESINFEKTIONSMITTEL** SPÜRT MAN NICHT!"

DIEB

DER SCHLAUE SPÜRHUND SUCHT DEN **DIEB** IM KLEIDERGESCHÄFT.

DÖSEN

WILHELMINCHEN **DÖST**. SCHNELL MUSS DER KAPITÄN AUSWEICHEN, UM SIE NICHT ZU WECKEN.

DRÄNGELN

WENN RHINO NUR NICHT IMMER **DRÄNGELN** WÜRDE!

DUMMHEITEN

„MACH KEINE **DUMMHEITEN**, BLEIB NICHT STEHEN!", SAGT BEN KAM-EL ZU SEINEM SOHN.

DRINGEND

FLÄUMCHEN MUSS GANZ **DRINGEND** AUFS KLO!

DURCHEINANDER

JEDESMAL, WENN POLLY STRICKT, GIBT ES EIN **DURCHEINANDER**.

EISENBAHNER

E e

EBENFALLS

IM SOMMER LEGEN SICH ALLE IN DIE SONNE. BLÄTTCHEN MÖCHTE **EBENFALLS** BRAUN WERDEN.

EINFACH

„ES IST NICHT **EINFACH** FÜR MICH, EINEN GUTEN GEGNER ZU FINDEN!"

ECHO

FRANZ HAT SEINEN NAMEN GERUFEN UND LAUSCHT DEM **ECHO**.

EINGANG

„AUS DEM WEG, JUMBO! MAMA LAMPE MUSS INS HAUS. MERKST DU NICHT, DASS DU DEN **EINGANG** VERSPERRST?"

EINORDNEN

SIEBENPÜNKTCHEN ERKLÄRT EIN NEUES SPIEL: ZUERST MÜSSEN SICH ALLE IM KREIS **EINORDNEN**.

EINSAM

ROBINSON WARTET **EINSAM** AUF DER KLEINEN INSEL, BIS IHN JEMAND ABHOLT.

EINSPRUCH

FLÄUMCHEN ERHEBT **EINSPRUCH**: SEINE KLEINEN BRÜDER ERHALTEN GLEICH VIEL TORTE WIE ER.

EINZIGARTIG

„NOCH NIE HABE ICH EINE RAUPE MIT RÄDERN GESEHEN!", SAGT TIP TAP.
„ICH BIN **EINZIGARTIG**!", FREUT SICH RADI.

EINZEICHNEN

BEN KAM-EL HÄTTE AUF DER KARTE DIE STELLE **EINZEICHNEN** SOLLEN...

... AN WELCHER ER DAS ERDÖL ENTDECKT HAT.

EISHOCKEY

BEI DIESEM **EISHOCKEY**-
SPIEL GEHT ES WILD ZU.

EISZAPFEN

MIT GENUSS LUTSCHT QUACK EINEN **EISZAPFEN**.

EMPFANGEN

TIP TAP KANN HIPPO LEIDER NICHT IN SEINEM HAUS **EMPFANGEN**.

ENDLICH

SPINNA SCHMÜCKT IHR NETZ UND HOFFT, DASS **ENDLICH** EINMAL JEMAND KOMMEN WIRD.

ENG

LEIDER IST DIE ELEGANTE ROTE JACKE VIEL ZU **ENG** FÜR OSKAR.

ENTSCHEIDEN

JUMBO UND RHINO STREITEN SICH UM EIN HALSTUCH. GLEICH WIRD PIEPSMAUS DIESEN STREIT **ENTSCHEIDEN**.

ENTSCHULDIGEN

PIEPSMAUS HAT VERGESSEN, IM BAD DEN WASSERHAHN ZUZUDREHEN. ER WILL SICH IM UNTEREN STOCKWERK FÜR DIE ÜBERSCHWEMMUNG **ENTSCHULDIGEN**.

ZUFRIEDEN BETRACHTEN DIE BEIDEN BÄREN DIE KARTE, WELCHE SIE FÜR DIE **ERDKUNDE**-STUNDE VORBEREITET HABEN.

NORDPOLARMEER
ASIEN
FRIKA
PAZIFISCHER OZEAN
INDISCHER OZEAN
AUSTRALIEN

ENTSETZT

LANGFINGER IST **ENTSETZT**: JEMAND HAT SEINE VASE GESTOHLEN, WELCHE ER SELBST AM VORTAG GESTOHLEN HATTE.

ERDE

WAS HAT WOHL DIE DIEBISCHE ELSTER IN DER **ERDE** VERSTECKT?

ENTTÄUSCHEN

SPINNA NIMMT **ENTTÄUSCHT** IHR NETZ AB. AUCH HEUTE IST BIENCHEN NICHT VORBEIGEFLOGEN.

ERBEN

DIE **ERBEN** VON MISTER DOLLAR DENKEN OFT AN IHREN ONKEL.

ERHALTEN

FÜR DAS PORTRÄT VON MISTER DOLLAR HAT ART PINSEL VIEL GELD **ERHALTEN**.

ERKLÄREN

HEUTE **ERKLÄRT** PROFESSOR WEISSALLES DEN UNTERSCHIED ZWISCHEN QUERSTREIFEN UND LÄNGSSTREIFEN.

ERMAHNEN

„MEINE MAMA **ERMAHNT** MICH IMMER, DIE OHREN ZU WASCHEN!"

„MEINE MAMA **ERMAHNT** MICH IMMER, DIE ZÄHNE ZU PUTZEN!"

ERSCHRECKEN

PING KANN SOGAR IGOR VIELFRASS **ERSCHRECKEN**.

ERSATZRAD

SCHILDA HAT IMMER EIN **ERSATZRAD** DABEI.

ERTEILEN

VON FUX **ERTEILT** FLUGSTUNDEN.

F f

FEUERWEHRMANN

FAHRTRICHTUNG

TEDDY RUFT DEM KAPITÄN ZU, ER MÜSSE SEINE **FAHRTRICHTUNG** ÄNDERN.

FALLSCHIRM

„DEINEM BIER GESCHIEHT NICHTS, FRANZ! DER **FALLSCHIRM** WIRD HIER HÄNGEN BLEIBEN!"

FÄLLEN

EIN HEFTIGER STURM KONNTE DEN ALTEN BAUM **FÄLLEN**! ARMES VÖGELCHEN, WO WIRST DU JETZT DEIN NEST BAUEN?

FALSCH

RAFI HAT EINEN **FALSCHEN** SCHLAFANZUG ERWISCHT!

FAMILIE

NICHT NUR **FAMILIE** GRUNZKE FREUT SICH ÜBER DIE RIESENMÖHRE.
AUCH **FAMILIE** LAMPE IST BEI DIESEM FESTESSEN DABEI!

FEDER

HERRLICH, WIE DIE **FEDERN** FLIEGEN.

FEHLTRITT

RHINO HAT EINEN **FEHLTRITT** GEMACHT.

FEIN

KÄRTCHEN SCHENKT BLÄTTCHEN EINEN MANTEL AUS **FEINSTEM** FLIESSPAPIER.

FEIND

KATER KRATZ UND SNIFF SIND **FEINDE**.

FENSTER

EIN WINDSTOSS HAT DAS **FENSTER** AUFGERISSEN. ZUM GLÜCK HAT JUMBO BLÄTTCHEN SCHNELL IN EIN BUCH GESTECKT.

FERIEN

JEDER FREUT SICH ÜBER DIE **FERIEN**.

FERTIG

ENDLICH IST DAS BUCH **FERTIG**.

FEST

STINKY FREUT SICH: ALLE KOMMEN ZU SEINEM **FEST**!

FESTSTELLEN

DER SCHLAUE SPÜRHUND WILL **FESTSTELLEN**, WER MIT DEM FAHRRAD AUF DEM GRAS HERUMFÄHRT.

FLÄCHE

BAUER GRUNZKE SCHLÄGT PFÄHLE EIN, DAMIT ER DIE **FLÄCHE** DES FELDES AUSMESSEN KANN.

FLEISSIG

TIGERCHEN IST **FLEISSIG**, OSKAR SCHAUT ZU.

FLAGGE

ROBINSON FREUT SICH AUF DAS ANKOMMENDE SCHIFF. ABER WIE ER DIE **FLAGGE** SIEHT, KOMMEN IHM EINIGE ZWEIFEL...

FLIEGEN

SCHNELL HABEN DIE SCHÜLER BEGRIFFEN, WIE FLUGZEUGE **FLIEGEN** KÖNNEN.

FLINK

WER TRAUBEN STIEHLT, BRAUCHT **FLINKE** BEINE.

FLOSS

ROBINSON HAT EIN **FLOSS** GEZIMMERT, DAMIT ER DIE INSEL VERLASSEN KANN.

FLÜSSIGKEIT

WASSER IST EINE **FLÜSSIGKEIT**.

WENN ES KALT IST, GEFRIERT WASSER ZU EIS.

BEI WÄRME SCHMILZT DAS EIS WIEDER ZU WASSER.

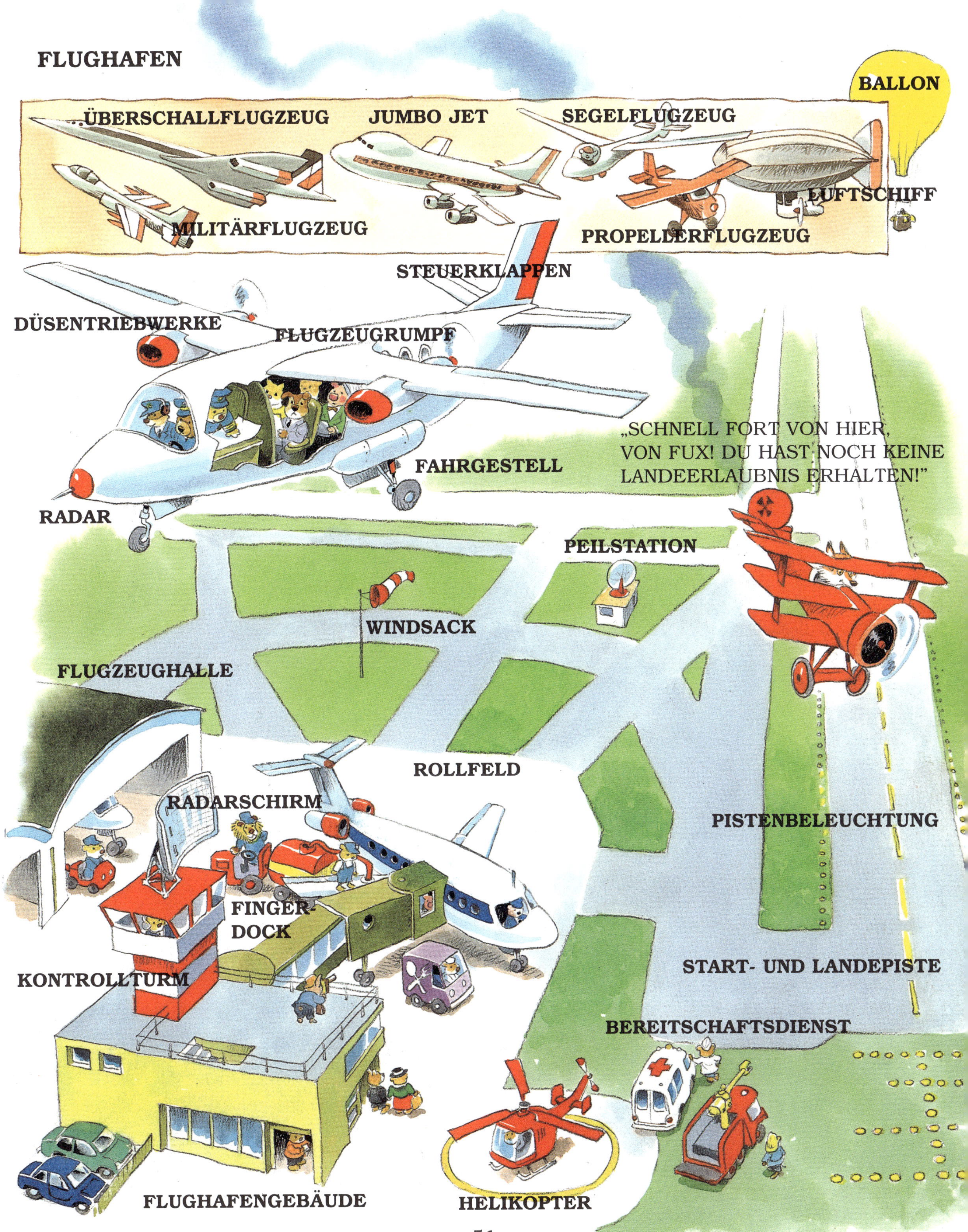
FLUGHAFEN
ÜBERSCHALLFLUGZEUG
JUMBO JET
SEGELFLUGZEUG
BALLON
LUFTSCHIFF
MILITÄRFLUGZEUG
PROPELLERFLUGZEUG
STEUERKLAPPEN
DÜSENTRIEBWERKE
FLUGZEUGRUMPF
„SCHNELL FORT VON HIER, VON FUX! DU HAST NOCH KEINE LANDEERLAUBNIS ERHALTEN!"
FAHRGESTELL
RADAR
PEILSTATION
WINDSACK
FLUGZEUGHALLE
ROLLFELD
RADARSCHIRM
PISTENBELEUCHTUNG
FINGER-DOCK
KONTROLLTURM
START- UND LANDEPISTE
BEREITSCHAFTSDIENST
FLUGHAFENGEBÄUDE
HELIKOPTER

FREUND

FLÄUMCHEN HÄTTE GERNE EINEN **FREUND** ZUM SPIELEN.

FRIEDEN

DER KLEINE ZINNSOLDAT IST NUR GLÜCKLICH, WENN ÜBERALL **FRIEDEN** IST.

FRIEREN

BRRR...! KOKODRILL
HAT ALLES ANGEZOGEN,
WAS ER FINDEN KONNTE,
DAMIT ER WENIGER **FRIERT**.

FÜR

„DIE POST IST DA! EIN GROSSES PAKET!"
„**FÜR** WEN? **FÜR** MICH?"
„NEIN, NICHT **FÜR** DICH!
ES IST **FÜR** WALLY!"

FUSSBALLFELD

SCHWARZFLÜGEL WIRD NIE MEHR EIN **FUSSBALLFELD** ÜBERFLIEGEN.

G g

GERICHT

GÄHNEN

GÄHNEN IST ANSTECKEND!

GANG

HOFFENTLICH LEGT ZIPP DEN RICHTIGEN **GANG** EIN!

GALOPPIEREN

TEDDY **GALOPPIERT** WILD AUF SEINEM WEISSEN PFERDCHEN.

GASTHAUS

TIMMY, BULLY UND SCHNÄUZCHEN HABEN EIN **GASTHAUS** ERÖFFNET.

GEDRÄNGE

IM BUS ZUM FUSSBALLSTADION HERRSCHT IMMER EIN **GEDRÄNGE**!

GEFAHR

OSKAR KENNT KEINE **GEFAHR**: ES IST DOCH STRENG VERBOTEN, MIT STROMKABELN ZU SPIELEN!

GEDULD

HEUTE ABEND IST MASKENBALL: **GEDULDIG** WARTET JEDES KÄFERCHEN, BIS ES VON ART PINSEL VERWANDELT WIRD.

GEFALLEN

ART PINSEL IST ENTTÄUSCHT: SEIN BILD HAT KÄRTCHEN NICHT **GEFALLEN**.

GEGNER

ENDLICH HAT POLLY EINIGE **GEGNER** GEFUNDEN, DIE ES MIT IHR AUFNEHMEN WOLLEN.

GEHEN

IGOR VIELFRASS **GEHT** AUCH ZUM FRISEUR.

GEHORCHEN

PAPA LAMPE HAT FLÄUMCHEN GESAGT, ER SOLLE IHN PUNKT DREI UHR WECKEN. FLÄUMCHEN **GEHORCHT**!

GELEHRT

LEONSTEIN IST DIE **GELEHRTESTE** PERSON IN UNSEREM WÖRTERBUCH.

GEMÜSE

BAUER GRUNZKE KANN BEI SEINEM **GEMÜSE** AUSSERGEWÖHNLICHE EXEMPLARE ERNTEN.

GENAU

GRÜNZCHEN HAT AUF DEM BILD **GENAU** INS AUGE GETROFFEN.

GERECHT

HIPPO HAT DIE TORTE SO AUFGESCHNITTEN, DASS JEDER EIN **GERECHTES** STÜCK ERHÄLT!

GERN

KOKODRILL MÖCHTE DEN HÄSCHEN **GERNE** EISCREME VERKAUFEN. MAMA LAMPE MÖCHTE **GERNE** NACH HAUSE GEHEN.

GESCHENK

SCHILDA BRINGT BEN KAM-EL EIN **GESCHENK** VON WALLY. WIRD ES WOHL NOCH RECHTZEITIG EINTREFFEN?

GESCHICKT

GESCHICKT HAT BLÄTTCHEN AUS EINEM PAPIER EIN FLUGZEUG GEFALTET. KANNST DU DAS AUCH?

GETÖSE

MIT FÜRCHTERLICHEM **GETÖSE** KOMMT VON FUX GANZ UNANGEMELDET ZU BESUCH.

GEWÖHNLICH

BAUER GRUNZKE HAT VON SEINER FRAU EIN TEURES GEBURTSTAGSGESCHENK ERHALTEN. EINE GANZ **GEWÖHNLICHE** KRAWATTE HÄTTE IHM JEDOCH BESSER GEFALLEN.

GITTER

LANGFINGER IST HINTER **GITTERN**, BLEPPO IST DRAUSSEN.

GLAUBEN

SCHLAUFUCHS KANN KAUM **GLAUBEN**, DASS ROBBY AM LIEBSTEN RECHNET.

GLEICHEN

PUFF UND PAFF **GLEICHEN** SICH WIE EIN EI DEM ANDERN. SIE SIND ZWILLINGE.

GLEICHZEITIG

PUFF UND PAFF HABEN **GLEICHZEITIG** VERSUCHT, DIE TÜRE ZU ÖFFNEN.

GLITZERN

VOR DEM EINSCHLAFEN BETRACHTEN ROBINSON UND WETZ DEN **GLITZERNDEN** STERNENHIMMEL.

H h

HOSTESS

HAARESBREITE

NUR UM **HAARESBREITE** KANN VON FUX EINEN ZUSAMMENSTOSS MIT SCHWARZFLÜGEL VERHINDERN.

HAARSCHNITT

LEONSTEIN IST VON SEINEM NEUEN **HAARSCHNITT** NICHT BEGEISTERT.

HALTEN

TOC TOC HAT SEINE VERWANDTEN ZUM ESSEN EINGELADEN. ZUERST **HÄLT** ER EINE LANGE ANSPRACHE.

HÄMMERN

BAUER GRUNZKE KLOPFT AN DIE WAND, DAMIT PAPA LAMPE ENDLICH ZU **HÄMMERN** AUFHÖRT.

HAUS

RADI IST NICHT IN SEINEM **HAUS**. IGELCHEN SUCHT IHN VERGEBLICH.

HEIRATSANTRAG

PIEPSMAUS MACHT EINEN **HEIRATSAN-TRAG**, ABER SEINE AUSERWÄHLTE WILL NICHTS VON IHM WISSEN!

HEISS

„WARUM WIRD MIR PLÖTZLICH SO **HEISS**?".

HELFEN

VIELLEICHT KANN DOKTOR VIELFLECK ROBBY **HELFEN**.

HENKEL

PUFF SAGT, DER **HENKEL** DER TASSE SEI RECHTS, PAFF SAGT, ER SEI LINKS. WER VON BEIDEN HAT RECHT.

HERAUSFINDEN

WENN SCHIMPA NUR **HERAUSFINDEN** KÖNNTE, WAS ROBBY FEHLT!

HETZEN

HIPPO HAT VERSCHLAFEN. NUN MUSS ER INS BÜRO **HETZEN**.

HERBEMÜHEN

ZUM SCHLAFEN HÄTTEN SICH ZICKS FREUNDE NICHT **HERBEMÜHEN** MÜSSEN.

HIER

HIER HAT BESTIMMT BONGO GEGESSEN!

HERSTELLUNG

FLEISSIG HILFT PIEPSMAUS DEN DREI MÄUSCHEN BEI DER **HERSTELLUNG** VON HÖRNCHEN.

HILFSBEREIT

BONGO IST SEHR **HILFSBEREIT**, SCHIMPA SOLL NICHT LÄNGER SO SCHWER ARBEITEN MÜSSEN!

HINTERLASSEN

UM BLEPPO ZU TÄUSCHEN, **HINTERLÄSST** LANGFINGER JUMBOS SPUREN IM SCHNEE.

HOCH

„TIGERCHEN, BEEILE DICH, DAS WASSER STEIGT GEFÄHRLICH **HOCH** AN!"

HINUNTERSCHAUEN

BEIM FENSTERPUTZEN DARF TIGERCHEN NIEMALS **HINUNTERSCHAUEN**, SONST WIRD IHM SCHWINDLIG.

HOCHZEIT

JUMBO DARF BEI DER **HOCHZEIT** TRAUZEUGE SEIN.

HOFFEN

ES IST SPÄT. RHINO **HOFFT**, DASS SEINE FRAU SCHON SCHLÄFT.

HÖFLICH

ROBINSON UND WETZ WERDEN **HÖFLICH** GEBETEN, SICH NICHT AUF DIE BLUMEN ZU SETZEN.

HOLZ

PINOCCHIO HAT EIN STÜCK **HOLZ** GEFUNDEN. GLEICH SCHNITZT ER DARAUS EIN MÄNNCHEN, MIT DEM ER SPIELEN KANN.

HÖREN

JOHANN **HÖRT** NICHT SEHR GUT. ABER IHM SCHEINT, ER HABE ETWAS ZERBRECHEN GEHÖRT.

HORN

BEIM FRISEUR LÄSST SICH ZICK NUR DIE **HÖRNER** POLIEREN. DEN BART LÄSST ER NIE SCHNEIDEN.

HOSE

WOLF ATTILA GEHT ZUM SCHNEIDER, UM SEINE **HOSE** ENGER MACHEN ZU LASSEN.

I i J j

INSEL

JAGD

IMMER

IMMER WENN ROBINSON VON EINER REISE HEIMKEHRT, HAT ER VIEL ZU BERICHTEN.

IN

WENN DREI HÄSCHEN **IN** DER BADEWANNE SITZEN, LÄUFT DAS WASSER BEINAHE ÜBER.

INEINANDER

WER HAT WOHL SO VIELE SCHACHTELN **INEINANDER** GEPACKT, UM KOKODRILL EINE KLEINE FREUDE ZU BEREITEN?

INSTAND SETZEN

JOHANN KONNTE DIE CHINESISCHE VASE **INSTAND SETZEN**, ABER WIE SOLL ER NUN HERAUS KOMMEN?

FRANZ HAT DIE PENDELUHR WIEDER **INSTAND GESETZT**.

OB TIGERCHEN ROBBY WIEDER **INSTAND SETZEN** KANN?

INTERESSANT

„KANNST DU MIT DEM FERNROHR UNTER WASSER ETWAS **INTERESSANTES** ENTDECKEN?"

JEDE

BAUER GRUNZKE VERKAUFT WASSERMELONEN. **JEDE** KOSTET ZWEI FÜNFZIG.

JACKE

GACKERVIEL FRIERT. GERADE ZIEHT SIE EINE ZWEITE **JACKE** AN.

JUBILÄUM

DIE DREI FREUNDE SIND ZU EINEM **JUBILÄUM** EINGELADEN. JEDER BRAUCHT EINEN ABENDANZUG.

K k

KRANKENSCHWESTER

KÄFIG

DAMIT IGOR VIELFRASS KEIN WEITERES UNHEIL ANRICHTEN KANN, HAT MAN IHN IN EINEN **KÄFIG** GESPERRT.

KAMERAD

GRETCHEN UND IHRE **KAMERADEN** WARTEN DARAUF, BIS DIE EISCREME IN DER EISMASCHINE FERTIG WIRD.

KAHL

HEUTE WERDEN BEIM FRISEUR ALLE **KAHL** GESCHOREN.

KALENDER

ROBINSON IST AM ERSTEN **JANUAR** WEGGEGANGEN. AM JAHRESENDE WIRD ER WIEDER ZU HAUSE SEIN.

1 **JANUAR** – 31 **JANUAR**

WIE IST ES KALT IM **FEBRUAR**! ZUM GLÜCK NIMMT IHN WALLY EIN STÜCK MIT.

1 **FEBRUAR** – 28 **FEBRUAR**

1 **MÄRZ** – 31 **MÄRZ**

EIN LAUER WIND BRINGT IHN IM **MÄRZ** SCHNELL VORAN.

1 **APRIL** – 30 **APRIL**

WARUM ES IM **APRIL** WOHL SO OFT REGNET?

1 **MAI** – 31 **MAI**

IM **MAI** RIECHT ES NACH FRISCHEM HEU.

1 **JUNI** – 30 **JUNI**

IM **JUNI** MACHT ES BESONDERS VIEL SPASS, MIT DEM ROLLER ZU FAHREN!

JULI: AUCH ROBINSON SPRINGT GERNE INS KÜHLE WASSER!

IM **AUGUST** IST ES NOCH HEISSER, ROBINSON FREUT SICH AUF EINE EISCREME.

DIE KÄNGURUS SPRINGEN IM **SEPTEMBER** GANZ BESONDERS WEIT!

IM **OKTOBER** ZEIGEN DIE KÄFERCHEN ROBINSON DEN WEG.

IM **NOVEMBER** FALLEN DIE BLÄTTER.

TATSÄCHLICH! AM JAHRESENDE IST ROBINSON WIEDER DAHEIM.

KAMM

SCHLAUFUCHS HAT EINEN VERSTELLBAREN **KAMM** ERFUNDEN.

KARIES

WENN MAN SEINE ZÄHNE NICHT GRÜNDLICH PUTZT, ENTSTEHT DURCH DIE BAKTERIEN **KARIES**.

KARTE

DIES IST WILHELMINCHENS **KARTE**.

KAUM

KAUM HAT JOHANN DAS KARTENHAUS FERTIG AUFGESTELLT, MUSS HIPPO NIESEN.

KEIN

ROBINSON MÖCHTE GERNE DIE INSEL VERLASSEN, ABER WEIT UND BREIT IST **KEIN** SCHIFF ZU SEHEN.

KENNEN

TEDDY IST SO HÖFLICH, DASS ER LEUTE GRÜSST, DIE ER ÜBERHAUPT NICHT **KENNT**!

KERZE

IGOR VIELFRASS WILL AUCH DIE **KERZE** AUFESSEN. ER WARTET NUR, BIS SIE ERLOSCHEN IST.

KLASSENARBEIT

BEI EINER **KLASSENARBEIT** SIND DIE AUGEN VON PROFESSOR WEISSALLES ÜBERALL.

KLATSCHBASEN

DIE VIER **KLATSCHBASEN** FINDEN, DASS KRÄHLAUT ZU VIEL LÄRM MACHT.

KLETTERN

UM BLEPPO ZU ENTKOMMEN, MUSSTE LANGFINGER ÜBER DEN ZAUN **KLETTERN**.

KLUB

SPINNA IST ENTTÄUSCHT: NIEMAND WILL IHREN **KLUB** BESUCHEN.

KOCHEN

VOM KOCHEN HÄLT **POLLY** NICHT VIEL!

KOMISCH

„SIEHST DU **KOMISCH** AUS!"

KOMPASS

DER EISBÄR HÄLT SICH FÜR SEHR WICHTIG, WEIL JEDER **KOMPASS** DEN ORT ANZEIGT, WO ER LEBT.

KOPFNUSS

DIESE **KOPFNUSS** WAR FÜR PAFF BESTIMMT, NICHT FÜR PUFF!

KOPFSCHMERZEN

GESTERN ABEND HAT WOLF ATTILA LANGE GEFEIERT. JETZT HAT ER FÜRCHTERLICHE **KOPFSCHMERZEN**.

KRAGEN

„GLAUBEN SIE MIR, DIESER **KRAGEN** KLEIDET SIE ÄUSSERST VORTEILHAFT!"

KRANK

WENN FRAU GRUNZKE **KRANK** IST, MACHT SICH IHR MANN IN DER KÜCHE NÜTZLICH.

KRANKENHAUS

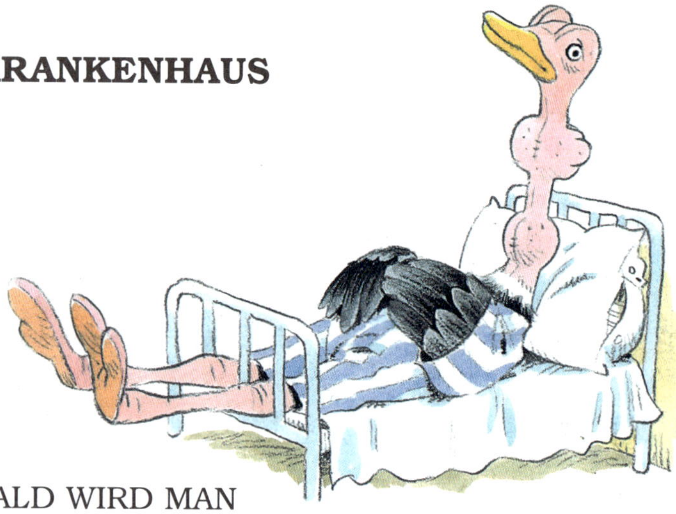

BALD WIRD MAN
STRUZZI IM **KRANKENHAUS** VOM
VERSCHLUCKTEN TENNISBALL ERLÖSEN.

KUNDE

HIPPO ÜBERZEUGT SEINEN **KUNDEN**, DASS
IHM DER HUT VORZÜGLICH STEHT.

KRIECHEN

RINGELFRATZ KANN GLEICHZEITIG
GERADEAUS ODER IN WELLEN ODER IM ZICKZACK **KRIECHEN**.

KÜMMERN

HIPPO UND KOKODRILL **KÜMMERN** SICH
HILFSBEREIT UM RAFI.

KÜNSTLER

ART PINSEL HAT DAS ZEBRA FALSCH
BEMALT.

„AUCH EIN **KÜNSTLER** KANN
SICH EINMAL IRREN!“, DENKT ER.

L 1

LIEFERANT

LABYRINTH

HILFST DU PUFF, DEN WEG DURCHS **LABYRINTH** ZU PAFF ZU FINDEN?

LANDEN

VON FUX **LANDETE** AM BODEN, BEVOR SICH DER FALLSCHIRM GEÖFFNET HATTE.

LANDKARTE

MIT HILFE EINER ALTEN **LANDKARTE** SUCHT HERR GRABER NACH DEM VERBORGENEN SCHATZ.

LANDSCHAFT

HERR GRABER SAMMELT
ALLE POSTKARTEN, DAMIT ER IN SEINER HÖHLE DIE SCHÖNEN **LANDSCHAFTEN** BETRACHTEN KANN.

LANG

EIN **LANGER** HALS KANN AUCH VON VORTEIL SEIN.

LÄNGSSEITE

DIE KÄFERCHEN HABEN AN EINER **LÄNGSSEITE** DES TISCHES PLATZ.

LANGWEILIG

LEONSTEINS VORTRAG
IST SEHR **LANGWEILIG**. NUR DOKTOR VIELFLECK BLEIBT NOCH IM SAAL.

LÄRM

PIM, PAM UND PUM MACHEN SO VIEL **LÄRM** WIE NUR MÖGLICH, ABER UMSONST, SCHLAFMÜTZCHEN SCHNARCHT WEITER.

LASSO

ALS GUTER COWBOY FÄNGT TEDDY DAS ESELCHEN MIT DEM **LASSO** EIN.

LAUNE

BONGO HAT IMMER SCHLECHTE **LAUNE**, WENN ER IN SEINEN SPIEGEL SIEHT.

LAUSCHEN

ALLE **LAUSCHEN** GESPANNT, WENN DER KAPITÄN VON SEINEN ABENTEUERN ERZÄHLT.

LEER

PIEPSMAUS HAT POLLY ZUM ESSEN EINGE-LADEN. NACHDEM ER BEZAHLT HAT, SIND SEINE TASCHEN **LEER**.

LEICHT

TIP TAP IST SO **LEICHT**, DASS ER AUF SEINEM ZYLINDER TANZEN KANN.

LEIDEN

KOKODRILL **LEIDET** UNTER SCHRECKLICHEN ZAHNSCHMERZEN.

LEICHTIGKEIT

DER SEEHUND KANN MIT **LEICHTIGKEIT** DEN GLOBUS AUF DER NASE BALANCIEREN.

LENKSTANGE

NOCH AM ENDE DER RASENDEN FAHRT HÄLT SICH PINOCCHIO AN DER **LENKSTANGE** FEST.

LERNEN

PROFESSOR WEISSALLES HAT SCHLAUFUCHS DABEI ERWISCHT, WIE ER „ICH WILL NICHT **LERNEN**" AN DIE SCHULMAUER SCHREIBT.

LETZTER

„GLEICH GESCHAFFT!“, DENKT BAUER GRUNZKE. „ICH MUSS NUR NOCH DEN **LETZTEN** APFEL PFLÜCKEN!“

LOHNEN

TIGERCHEN, ES **LOHNT** SICH NICHT, DAS AUTO ZU WASCHEN.

LUFT

„AUFHÖREN! DU PUMPST ZU VIEL **LUFT** IN DIE REIFEN!“

LUPE

HERR GRABER BRAUCHT EINE **LUPE**, UM ZU ERKENNEN, VON WELCHE KÄFERCHEN ER EIN FOTO ERHALTEN HAT.

LUST

HEUTE HAT POLLY **LUST**, BEIM FRÜHSTÜCK DIE ZEITUNG ZU LESEN.

M m

MATROSE

MACHEN

WAS **MACHT** DENN PARDY? MAN SOLL DOCH KEIN PAPIER ZU BODEN WERFEN!!

MASKENBALL

KEINER WILL, DASS MAN IHN BEIM **MASKENBALL** ERKENNT.

MALEN

AM LIEBSTEN **MALT** TEDDY EIN BILD VON SEINER MAMA.

MEER

SPITZZAHN WAGT SICH AUFS WEITE **MEER** HINAUS, UM WILHELMINCHEN ZU TREFFEN.

MEHRHEIT

PUFF UND PAFF WOLLEN NACH HAUSE GEHEN, WEIL DIE **MEHRHEIT** DER SCHÜLER MIT OHRENSCHMERZEN IM BETT LIEGT.

MERKEN

DER UNGLÜCKSRABE VERKAUFT HAARWUCHSMITTEL. SCHLAUFUCHS **MERKT**, DASS DA ETWAS NICHT STIMMT...

MISSBRAUCHEN

MISTER DOLLAR MUSS VOR DEM RICHTER ERSCHEINEN, WEIL ER DAS VERTRAUEN SEINER KUNDEN **MISSBRAUCHT** HAT.

MISSFALLEN

ES **MISSFÄLLT** DOKTOR VIELFLECK, DASS DER UNGLÜCKSRABE RAUCHT.

MIST

„**MIST**", DENKT SICH FRANZ, „WIE GEHT´S HIER WEITER - RAUF ODER RUNTER?"

MIT

DIE LEHRERIN SCHREIBT **MIT** KREIDE AN DIE TAFEL, GRÜNZCHEN UND SCHLAUFUCHS SCHREIBEN **MIT** DER FEDER, FLÄUMCHEN SCHREIBT **MIT** DEM FINGER.

MITARBEITER

AUCH DIE GEBRÜDER TEDDY SIND **MITARBEITER** DIESES BUCHES!

MITNEHMEN

RINGELFRATZ DENKT: „DAS NÄCHSTE MAL SOLL ZIPP EIN SEIL **MITNEHMEN**!"

MODE

DIESES JAHR SIND BEI DEN HÜHNERN BLAUE FEDERN **MODE**.

MUSIK

LEONSTEIN MAG JEDE **MUSIK**, NUR NICHT DIEJENIGE VON PIM, PAM UND PUM.

N n

NOTAR

NACH

HIER SIEHST DU GRÜNZCHEN VOR UND **NACH** DEM BAD!

NACHDENKEN

DER SPÜRHUND MUSS DARÜBER **NACHDENKEN**, WESHALB IHN ALLE SCHLAU NENNEN.

NACHSCHAUEN

„BITTE, TIGERCHEN, KANNST DU **NACHSCHAUEN**: ALLE SAGEN, MIR FEHLT EINE SCHRAUBE!"

NACHSCHLAGEN

DIE LEHRERIN SAGT:
„WENN IHR NICHT WISST,
WAS EIN WORT BEDEUTET,
SO DÜRFT IHR IM WÖRTERBUCH
NACHSCHLAGEN!"

NAHE

QUACK UND SEINE FREUNDE WOHNEN GANZ **NAHE** BEIM TEICH.

NEBEN

FLÄUMCHEN MERKT NICHT, WIE GEFÄHRLICH ES IST, DIE KERZE **NEBEN** DIE FLASCHE ZU STELLEN.

NEBEL

SELBST BEI DICHTEM **NEBEL** FINDET DER SCHLAUE SPÜRHUND DIE STRASSE.

NETZ

SPINNA FLÜCHTET. IGOR VIELFRASS IST IHR INS **NETZ** GEGANGEN.

NEU

LIEBER PLANT PANDA BEI DER **NEUEN** STRASSE EINEN BOGEN EIN, ALS DASS ER DEN BAUM FÄLLEN LÄSST.

NEUIGKEITEN

EBEN KOMMT ROBINSON VON SEINER LANGEN REISE ZURÜCK UND FRAGT NACH **NEUIGKEITEN**.

NICHT

LANGFINGER BEHAUPTET, ER HABE **NICHT** GESTOHLEN. TOC TOC VERTEIDIGT IHN VOR GERICHT.

NIE

NIE WIRD DER KAPITÄN AUFHÖREN, DAS WASSER ZU LIEBEN.

NIEMAND

JOHANN HAT IMMER GEGLAUBT, **NIEMAND** KÖNNE IHN ERSCHRECKEN.

NOTFALL

RAFI KANN NICHT SCHWIMMEN. FÜR DEN **NOTFALL** HAT ER JEDOCH VORGESORGT.

NOTRUF

DER KAPITÄN GIBT DAUERND SEINEN **NOTRUF** DURCH.

OFFIZIER

O o

OB

BONGO PRÜFT, **OB** ALLE WASSERMELONEN REIF SIND.

OBWOHL

OBWOHL DER SPÜRHUND SEHR SCHLAU IST, MERKT ER NICHT, VON WEM DIESE SPUREN STAMMEN.

ÖFFNEN

RINGELFRATZ BITTET ZIPP, SCHNELL DEN GELBEN KOFFER ZU **ÖFFNEN**.

OHNE

OHNE EIS UND KÄLTE SIND WALLY UND DER SEEHUND RICHTIG UNGLÜCKLICH!

OHREN

JUMBO HÄLT SICH SCHON DIE **OHREN** ZU, WENN ER PIM, PAM UND PUM NUR SIEHT.

OPA

HIPPO ERZÄHLT, DASS SEIN **OPA** EIN BERÜHMTER TÄNZER WAR, ABER NIEMAND WILL DAS GLAUBEN.

OPFER

MADAME RHINO DENKT: „ICH MUSS WOHL DAS **OPFER** AUF MICH NEHMEN, ETWAS WENIGER ZU ESSEN!"

OPTIMIST

„DIE FLASCHE IST HALB LEER!", SAGT PIEPSMAUS TRAURIG.
„ABER NEIN, SIE IST NOCH HALB VOLL!", SAGT WETZ. ER IST EIN **OPTIMIST**.

ORCHESTER

PIM, PAM UND PUM SIND EIN KLEINES **ORCHESTER**.

ORDNUNG

GRETCHEN HAT EINE GUTE **ORDNUNG** IN IHREM SCHRANK.

P p

POLIZIST

PAKET

STINKY IST GLÜCKLICH:
ENDLICH IST DAS **PAKET**
MIT DEM PARFÜM
EINGETROFFEN.

PARFÜM

„ICH BRAUCHE EIN UNAUFDRINGLICHES **PARFÜM**!“, SAGT STINKY.

PASSEN

POLLY HAT IMMER
MÜHE, FÜR IHRE ACHT ARME EINEN
PASSENDEN PULLOVER ZU FINDEN.

PAUSE

IN DER **PAUSE** RENNEN ALLE IN DIE KÜCHE.

PEINLICH

WIE **PEINLICH**!
ZIPP HAT AM ERSTEN ARBEITSTAG
EINE PANNE.

PFLANZEN

BÄUME:

BLUMEN:

FRÜCHTE:

GEMÜSE:

VON ALLEN **PFLANZEN**, DIE
FLÄUMCHEN KENNT, MAG ER AM LIEBSTEN...

PERLE

AUF DEN BLÄTTERN SCHIMMERN DIE TROPFEN DES MORGENTAUS WIE **PERLEN**.

PFLÜCKEN

AUS LIEBE ZUR NATUR WIRD GRETCHEN DIESE BLUME NICHT **PFLÜCKEN**.

PLÖTZLICH

VON FUX MUSSTE **PLÖTZLICH** EINE NOTLANDUNG VORNEHMEN.

PREISGÜNSTIG

STOLZ SAGT BULLY ZU SCHNÄUZCHEN: „SCHAU MAL, DIE KNOCHEN WAREN ÄUSSERST **PREISGÜNSTIG**!"

PROZESS

TOC TOC SPRICHT BEIM **PROZESS** ZU LANGE. DER RICHTER SAGT, NUN SOLLE ER DEN SCHNABEL HALTEN.

PULLOVER

DIE DREI MÄUSCHEN HABEN FÜR DEN KAPITÄN EINEN **PULLOVER** GESTRICKT, DER IHM VIEL ZU WEIT IST. WETZ UND ROBINSON PASSEN DAGEGEN GUT HINEIN.

R r

REGISSEUR

RATEN

„**RATE** MAL, WO ICH BIN!“, SAGT GRÜNZCHEN ZU SIEBENPÜNKTCHEN.

RÄUBER

„ACHTUNG, PINOCCHIO! ZWEI **RÄUBER** LAUERN IM VERSTECK!“

RAUCHEN

TEDDY HAT SOEBEN DAS BILD ZUM BEGRIFF **RAUCHEN** FERTIG GEMALT.

RECHNEN

BESONDERS GUT **RECHNEN** KANN TEDDY NICHT!

RECHNUNG

WIE HIPPO DIE **RECHNUNG** ERHÄLT, WIRD IHM SCHWINDLIG.

RECHTSCHREIBUNG

ROBBY HAT MIT DER **RECHTSCHREIBUNG** ETWAS MÜHE.

REDAKTEUR

ICH BIN DER **REDAKTEUR** DIESES WÖRTERBUCHES. WENN DU EINEN FEHLER SIEHST, SCHREIB MIR DOCH AN DEN TOSA VERLAG, WIEN.

REDE

KRÄHLAUT HAT SICH HERAUSGEPUTZT. GLEICH WIRD ER IM HÜHNERHOF EINE **REDE** HALTEN.

REGENBOGEN

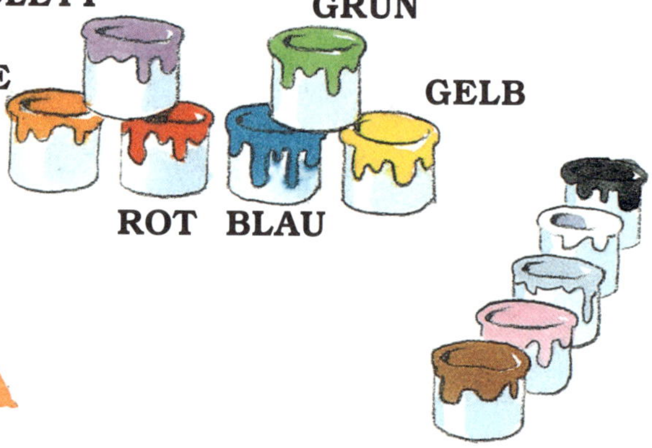

ART PINSEL MALT EINEN **REGENBOGEN** AUF DIE MAUER.

HIER SIND DIE SECHS FARBEN, DIE ER DAZU BRAUCHT.

REINLICHKEIT

POLLY NIMMT ES MIT DER **REINLICHKEIT** SEHR GENAU!

REIZEND

RHINO HAT **REIZENDE** VORFAHREN!

RENNEN

ZUM GLÜCK KANN SNIFF SCHNELL **RENNEN**.

RETTEN

LEONSTEIN **RETTET** SICH VOR DEM VULKAN.

RICHTIG

SÄGT DER SCHLAUE SPÜRHUND DEN AST AN DER **RICHTIGEN** STELLE AB?

RICHTUNG

DAS WAR DIE FALSCHE **RICHTUNG**, TIGERCHEN!

RIESIG

TATSÄCHLICH! MIT DEM WUNDERWASSER WERDEN DIE BLUMEN **RIESIG**.

ROHR

SIEBENPÜNKTCHEN WARTET, BIS RINGELFRATZ WIEDER AUS DEM **ROHR** ZUM VORSCHEIN KOMMT.

RUHE

DAS SCHIFF IST GESUNKEN, DOCH DER KAPITÄN BEHÄLT DIE **RUHE** UND WARTET AUF DER SPITZE DES MASTES, BIS HILFE KOMMT.

RÜHREND

DIE DREI MÄUSCHEN WEINEN WEGEN DES **RÜHRENDEN** BRIEFES VON ROBINSON. ODER IST ES WEGEN DEN ZWIEBELN?

RUND

GRETCHEN MAG SEHR GERNE KUCHEN, SIE WIRD IMMER **RUNDER**.

RUTSCHEN

AM LIEBSTEN **RUTSCHEN** FLÄUMCHEN UND SEINE BRÜDER DAS GELÄNDER HINUNTER.

S s

SCHNEIDER

SAMMELN

DIE DIEBISCHE ELSTER **SAMMELT** GOLDENE GEGENSTÄNDE. ALLE ANDEREN SAGEN, SIE STIEHLT!

SCHELTEN

MAMA LAMPE MUSS **SCHELTEN**, WEIL FLÄUMCHEN UND SEIN VATER IM WOHNZIMMER FUSSBALL GESPIELT HABEN.

SCHÄTZEN

WALLY **SCHÄTZT** ES, DASS MAN IHM BLUMEN GESCHICKT HAT.

SCHERZEN

JUMBO HAT SICH EIN BEIN GEBROCHEN. NUN IST ER NICHT ZUM **SCHERZEN** AUFGELEGT.

SCHIFFE

OB DER KAPITÄN IN DIESEM HAFEN VOLLER **SCHIFFE** AUCH EINEN ANLEGEPLATZ FINDEN WIRD?

SCHIEBEN

FLÄUMCHENS LOKOMOTIVE IST STEHEN GEBLIEBEN. DIE KÄFERCHEN **SCHIEBEN** SIE BIS ZUM BAHNHOF.

SCHIEF

ART PINSEL HAT SEIN BILD **SCHIEF** AUFGEHÄNGT, DAMIT MAN ES MEHR BEACHTET.

SCHLECHT

SCHLAUFUCHS HAT EIN **SCHLECHTES** ZEUGNIS ERHALTEN. ABER ER HAT SELBST ETWAS HINZUGEFÜGT.

SCHLAFANZUG

HEUTE ABEND WERDEN PUFF UND PAFF IN PAPAS **SCHLAFANZUG** ZU BETT GEHEN.

SCHLEUNIGST

WIE DER UNGLÜCKSRABE IN DER BANK AUFTAUCHT, SCHLIESST MISTER DOLLAR **SCHLEUNIGST** DEN SCHALTER.

SCHLIESSEN

OSKAR IST MIT SEINER ANSPRACHE NOCH NICHT FERTIG, ABER ER HOFFT, DASS SICH DER VORHANG MÖGLICHST BALD **SCHLIESST**.

SCHLINGE

KATER KRATZ HATTE VERGESSEN, DASS ER FÜR SNIFF EINE **SCHLINGE** AUSGELEGT HATTE.

SCHLUCKAUF

IGOR VIELFRASS HAT EINE SEIFE GEGESSEN, NUN HAT ER **SCHLUCKAUF**!

SCHMECKEN

„KOKODRILL, WONACH **SCHMECKT** SCHNEE?"

SCHMERZEN

DIESE **SCHMERZEN**! POLLY HAT DUMMERWEISE IGELCHEN UMARMT.

SCHNARCHEN

SOGAR MITTEN IM KONZERT BEGINNT SCHLAFMÜTZCHEN ZU **SCHNARCHEN**!

SCHNEIDEN

WÄHREND SPINNA SCHLÄFT, **SCHNEIDET** BIENCHEN LÖCHER IN DAS NETZ.

SCHNELL

PRACHTWEDEL HAT ANGST. ER LÄUFT IMMER **SCHNELLER**.

SCHNÖRKEL

ART PINSEL SIGNIERT SEINE GEMÄLDE MIT EINEM KUNSTVOLLEN **SCHNÖRKEL**.

SCHON

KAUM HAT TOC TOC SEIN GEDICHT ANGEFANGEN, DENKT PROFESSOR WEISSALLES: „WÄRE ER DOCH NUR **SCHON** ZU ENDE DAMIT!"

SCHRECK

DER **SCHRECK** FÄHRT QUACK IN DIE BEINE, SOWIE ER IGOR VIELFRASS SIEHT.

SCHRECKLICH

„WELCH WUNDERHÜBSCHER HUT!", SAGT FRAU GRUNZKE UND DENKT BEI SICH: „ACH WIE IST DER **SCHRECKLICH**!"

SCHREIBEN

TOC TOC HAT BEGONNEN, ÜBER DEN SCHLAUEN SPÜRHUND EINEN DETEKTIVROMAN ZU **SCHREIBEN**.

SCHÜTTELN

PRACHTWEDEL HAT VERGESSEN, DEN HUSTENSIRUP ZU **SCHÜTTELN**. JETZT HOLT JUMBO DIES NACH.

SCHREIEN

NIEMAND MAG ZUHÖREN, WENN ESELCHEN **SCHREIT**.

SCHWATZHAFT

GACKERVIEL IST SO **SCHWATZHAFT**, DASS SIE JEDES MAL, WENN SIE EINE FREUNDIN TRIFFT, ZU SPÄT NACH HAUSE KOMMT.

SCHWER

BONGO IST LEICHTER ALS JUMBO, ABER VIEL **SCHWERER** ALS TIP TAP.

SCHWIERIGKEIT

BONGO HAT **SCHWIERIGKEITEN**, DAS PLAKAT AN DIE WAND ZU KLEBEN.

SEITHER

TEDDY HAT SICH BEIM HONIGNASCHEN DEN MAGEN VERDORBEN. **SEITHER** MAG ER KEINEN HONIG MEHR.

SEE

EIN SUPPENTELLER VOLL WASSER WIRD FÜR TIP TAP ZU EINEM **SEE**.

SINGEN

BEI VOLLMOND MUSS WOLF ATTILA AUS VOLLER KEHLE **SINGEN**.

SEHR

ZIPP HAT IGELCHEN BEAUFTRAGT, DAS AUTO **SEHR** GRÜNDLICH ZU REINIGEN...

SITZEN

MUTIG **SITZT** VON FUX AUF SEINEM FLUGZEUG UND BESSERT DEN SCHADEN WÄHREND DES FLUGES AUS.

SONNENAUFGANG

HEUTE IST PRACHTWEDEL FRÜH AUFGESTANDEN, UM DEN **SONNENAUFGANG** ZU SEHEN.

SONNENFINSTERNIS

GEBANNT BEOBACHTEN ALLE DIE SELTENE **SONNENFINSTERNIS**.

SONST

ANSTELLE VON BEINEN HAT RADI RÄDCHEN, **SONST** WÄRE ER NICHT SO SCHNELL.

SORGE

BLÄTTCHEN HAT SICH GESCHNITTEN UND KÄRTCHEN MACHT SICH **SORGEN**. DOCH EIN WENIG LEIM KANN HIER SCHNELL HELFEN.

SORGFÄLTIG

JOHANN SCHLIESST **SORGFÄLTIG** DEN SCHRANK AB, IN DEM DAS SILBER AUFBEWAHRT WIRD.

SPÄT

QUACK KOMMT MEISTENS ZU **SPÄT** ZUR SCHULE.

SPIONIEREN

RINGELFRATZ KANN SEHR GUT **SPIONIEREN**.

SPORTSCHULE

KAN GARU HAT GROSSEN ERFOLG MIT SEINER NEU ERÖFFNETEN **SPORTSCHULE**.

SPRUNGFEDER

DIE **SPRUNGFEDER** IST GEBROCHEN. JETZT ERSCHRICKT SOGAR PING!

SPÜREN

QUACK KANN ES SICH BEIM FISCHEN BEQUEM MACHEN. ER WIRD **SPÜREN**, WENN EINER ANBEISST.

SPORT

BASEBALL

TENNIS

BASKETBALL

RUGBY

FUSSBALL
GOLF
STABHOCHSPRUNG
KLETTERN
HOCHSPRUNG
SKIFAHREN
LAUFEN

SEGELN

RUDERN

SCHWIMMEN

BOXEN

MOTORRAD-
QUERFELDEIN

FECHTEN

AUTORENNEN

STERN

GRETCHEN BESINGT MOND UND **STERNE**.

STIEFEL

DAMIT ER NICHT NASS WIRD, HAT ZIPP DIE **STIEFEL** VON JUMBO ANGEZOGEN.

STOFFBÄR

DER KUSCHELIGE **STOFFBÄR** IST DER BESTE FREUND DER KINDER.

STOLZ

VATER FUCHS IST **STOLZ** AUF DAS ZEUGNIS SEINES SOHNES. ES IST SUPER.

STÖBERN

WENN MAN IN ALTEN TRUHEN **STÖBERT**, KANN MAN INTERESSANTE DINGE FINDEN.

STOPFEN

WENN MAMA LAMPE SCHIMPFT, **STOPFT** SICH PAPA LAMPE EINFACH DIE OHREN ZU!

STÖREN

„HALT STILL, BLÄTTCHEN! LEONSTEIN MACHT EINE WICHTIGE BERECHNUNG! DU DARFST IHN JETZT NICHT **STÖREN**!"

STOTTERN

OSKAR IST SEHR AUFGEREGT.
ER ST-**STOTTERT** EIN WENIG.

STRAFE

SCHLAUFUCHS WURDE ZUR **STRAFE** INS BADEZIMMER GESPERRT!

STRAHLEN

DIE **STRAHLEN** DER SONNE HABEN GRÜNZCHEN GEBLENDET, SEINE REISE HAT EIN VORZEITIGES ENDE GENOMMEN.

STREIFEN

MAMA LAMPE HAT IM AUSVERKAUF SEHR GÜNSTIG EINIGE METER STOFF MIT ROSA **STREIFEN** EINGEKAUFT.

STREIT

WOLF ATTILA HAT EIN BLAUES AUGE. „ MIT WEM HATTEST DU **STREIT**?", FRAGT ZICK.

STURM

DER KAPITÄN VERSTECKT SICH HINTER WILHELMINCHEN, UM SICH VOR DEM HEFTIGEN **STURM** ZU SCHÜTZEN.

STÜRZEN

WENN JUMBO BEIM SCHIFAHREN **STÜRZT**, ENTSTEHT EINE KLEINE LAWINE.

SUCHEN

LANGE MUSS PARDY **SUCHEN**, BIS ER WILHELMINCHEN IM WASSER ENTDECKT.

SÜNDER

„WER HAT VON DER KONFITÜRE GENASCHT?" GRÜNZCHEN IST DER KLEINE **SÜNDER**!

T t

TREPPE

TAGEBUCH

DASS AUSGERECHNET DER UNGLÜCKSRABE DAS GEHEIME **TAGEBUCH** VON POLLY FINDEN MUSSTE!

TAPETE

AUF DER GESTREIFTEN **TAPETE** KANN LEONSTEIN VIEL BESSER ZUSAMMENZÄHLEN.

TANZEN

WER HÄTTE GEDACHT, DASS HIPPO SO GUT **TANZEN** KANN?

TAUMELN

OSKAR **TAUMELT** UMHER, WEIL IHM EIN BLUMENTOPF AUF DEN KOPF GEFALLEN IST.

TAUSCH

PIEPSMAUS UND DER UNGLÜCKSRABE VERWECHSELTEN IHRE HÜTE, ABER KEINER IST ÜBER DEN **TAUSCH** GLÜCKLICH.

TÄUSCHEN

ES IST SCHIMPA GUT GELUNGEN, BONGO ZU **TÄUSCHEN**.

TEILNEHMEN

STINKY MÖCHTE AUCH AN DER VERSAMMLUNG **TEILNEHMEN**...

TELEFONBUCH

ROBBY HAT VON LEONSTEIN EINEN WICHTIGEN AUFTRAG ERHALTEN: ER SOLL ALLE ZAHLEN IM **TELEFONBUCH** ZUSAMMENZÄHLEN.

TISCHTUCH

DAMIT ES KEINE FLECKE GIBT, BINDET SICH RHINO GLEICH DAS **TISCHTUCH** UM.

TRAGISCH

EIN **TRAGISCHES** MISSGESCHICK: KOKODRILL HAT DAS SCHOKOLADENEIS MIT DEM ZITRONENEIS VERWECHSELT!

TRÄNE

KAN GARU HAT DANEBENGESCHLAGEN,
TAPFER VERGIESST HIPPO NUR EINE **TRÄNE**.

TRAURIG

MAMA LAMPE IST **TRAURIG**:
NIEMAND HAT AN IHREN GEBURTSTAG GEDACHT! DOCH GLEICH WIRD DIE ÜBERRASCHUNG GELINGEN...

TRAUM

DIES IST JOHANNS GRÖSSTER **TRAUM**.

TRENNEN

SO KANN ES EINEM ERGEHEN, WENN MAN ZWEI STREITHÄHNE **TRENNEN** WILL!

TREPPE

JUMBO STEIGT DIE **TREPPE** EMPOR, HIPPO KOMMT GERADE HERUNTER. WIE DAS WOHL ENDEN WIRD?

TREU

WETZ IST EIN **TREUER** FREUND DER DREI MÄUSCHEN.

TRINKGELD

FÜR EIN GUTES **TRINKGELD** MACHT MAN GERNE EINE TIEFE VERBEUGUNG.

TROCKNEN

PARDY HAT HERAUSGEFUNDEN, WIE DIE WÄSCHE SCHNELLER **TROCKNET**.

TROMMEL

DIESMAL HAT PIM SEINE **TROMMEL** ZU STARK GESCHLAGEN.

TROTZDEM

HEUTE HAT WALLY GLÜCK BEIM FISCHEN. **TROTZDEM** WIRD ER NICHTS ZU ESSEN HABEN!

U u

URLAUB

ÜBERALL

SEITDEM QUACK EIN DREIRAD HAT, KANN MAN IHN **ÜBERALL** ANTREFFEN.

ÜBERMÜTIG

WÄHREND DER MALSTUNDE SIND DIE SCHÜLER SEHR **ÜBERMÜTIG**.

ÜBERPRÜFEN

RHINO HÖRT BEIM FAHREN BEUNRUHIGENDE GERÄUSCHE. ER BITTET TIGERCHEN, DEN MOTOR ZU **ÜBERPRÜFEN**.

ÜBERRASCHEND

DER KAPITÄN HAT ETWAS **ÜBERRASCHEND** DEN BEFEHL ZUR ABFAHRT ERTEILT.

ÜBERZEUGEN

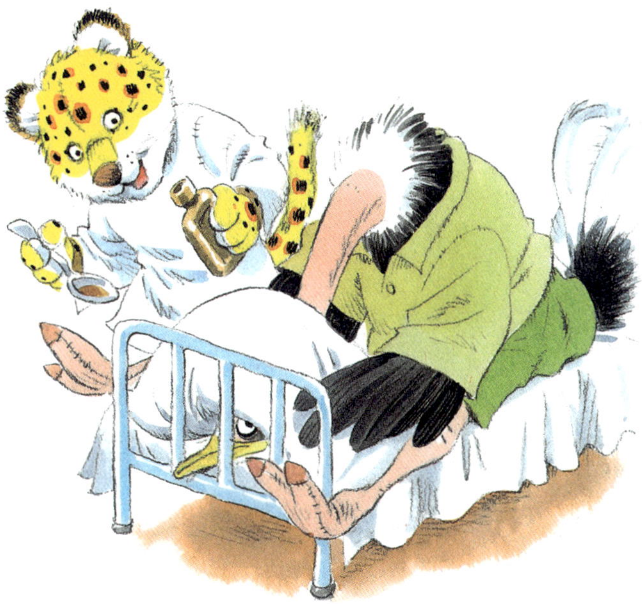

OB DOKTOR VIELFLECK AM ENDE STRUZZI DOCH NOCH **ÜBERZEUGEN** KANN, DIE MEDIZIN EINZUNEHMEN?

UMRINGEN

WENN TEDDY EINE TORTE ZUR SCHULE BRINGT, WIRD ER VON ALL SEINEN FREUNDEN **UMRINGT**.

UMARMEN

DANKBAR **UMARMT** TEDDY SEINEN PAPA, WEIL ER IHM DEN BALLON GESCHENKT HAT.

UNBÄNDIG

IGOR VIELFRASS HAT EINEN **UNBÄNDIGEN** HUNGER. ER MACHT SICH SOGAR ÜBER DEN RAND DIESER SEITE HER.

UMWELT

PANDA UND DIE DREI BÄREN SIND BEI DEN VORBEREITUNGEN ZUM **UMWELT**-TAG.

UNBEDINGT

LEONSTEIN FAND ES **UNBEDINGT** NOTWENDIG, ZUM FRISÖR ZU GEHEN.

UNBEWEGLICH

EIN ZINNSOLDAT BLEIBT IMMER **UNBEWEGLICH**.

UNBEQUEM

ES IST MEHR ALS **UNBEQUEM,** IM KINO HINTER EINER GIRAFFE ZU SITZEN.

UNENDLICH

VOR BEN KAM-EL LIEGT DIE **UNENDLICHE** WÜSTE.

UNENTSCHIEDEN

„**UNENTSCHIEDEN**!“,
VERKÜNDET DER SCHIEDSRICHTER.

UNERBITTLICH

DER KLEINE ZINNSOLDAT IST **UNERBITTLICH**: „HEUTE IST DAS SCHLOSS NICHT ZU BESICHTIGEN!“

UNFREIWILLIG

DAS WIRD EIN **UNFREIWILLIGES** BAD FÜR WALLY.

UNGEHEUER

IGOR VIELFRASS IST WÜTEND. ALLE SAGEN, ER SEI EIN **UNGEHEUER**.

UNERLAUBT

WENN LANGFINGER STIEHLT, SO TUT ER ETWAS **UNERLAUBTES**.

UNGENAU

WENN DER UNGLÜCKSRABE ETWAS WEITERERZÄHLT, NIMMT ER ES MIT DER WAHRHEIT RECHT **UNGENAU**.

UNGENÜGEND

DIESER SCHIRM SCHÜTZT UNSERE FREUNDE NUR **UNGENÜGEND** VOR DEM REGEN.

UNTER

PING HATTE KEINE AHNUNG, DASS SEINE SCHACHTEL **UNTER** DER TREPPE STEHT.

UNGERN

NUR **UNGERN** LEIHT SCHILDA IHREN ROLLER AN KAN GARU AUS!

UNTEN

WEIT **UNTEN** IM TAL SIEHT FRANZ SEIN KLEINES HAUS.

UNTERBRECHEN

DER UNGLÜCKSRABE HAT PAPA LAMPES LEKTÜRE **UNTERBROCHEN**, NUR UM ZU FRAGEN, WIE SPÄT ES IST!

UNTERSCHEIDEN

NACH DEM ENDSPIEL WEISS HIPPO NICHT, WELCHER MANNSCHAFT ER DEN POKAL ÜBERREICHEN SOLL.

DIE SPIELER SIND SO SCHMUTZIG, DASS ER SIE KAUM VONEINANDER **UNTERSCHEIDEN** KANN.

UNTERSCHRIFT

DER BRIEF AN DIE OMA IST FERTIG, ES FEHLT NUR NOCH FLÖCKCHENS **UNTERSCHRIFT**.

UNVERMITTELT

WILHELMINCHEN HÖRT HIPPO SINGEN UND TAUCHT **UNVERMITTELT** AUS DEM WASSER AUF.

UNVERSEHRT

ZUM GLÜCK BLEIBT ART PINSEL BEI DIESEM STURZ **UNVERSEHRT**!

UNVERSTÄNDLICH

ROBBY ERZÄHLT EINE VÖLLIG **UNVERSTÄNDLICHE** GESCHICHTE.

UNVOLLENDET

RHINO HAT DAS PORTRÄT NICHT GEFALLEN. DAS BILD WIRD **UNVOLLENDET** BLEIBEN!

UNVORSICHTIG

SO **UNVORSICHTIG** WIE GRÜNZCHEN DARFST DU DIE STRASSE NIEMALS ÜBERQUEREN.

UNWETTER

TROTZ DES **UNWETTERS** SIND VERSCHIEDENE LEUTE NICHT ZU HAUSE GEBLIEBEN.

V v

VERKÄUFERIN

VERDÄCHTIG

MITTEN IN DER NACHT HÖRT IGELCHEN EIN SEHR **VERDÄCHTIGES** GERÄUSCH!

VERDOPPELN

PINOCCHIO HAT WIEDER EINMAL GELOGEN, DIE LÄNGE SEINER NASE HAT SICH **VERDOPPELT**!

VEREINEN

MIT **VEREINTEN** KRÄFTEN SCHIEBEN JUMBO UND PIEPSMAUS DEN KAPITÄN IN SEINEM BOOT INS WASSER.

VERDAUEN

DAS ABENDESSEN IST FERTIG, ABER HIPPO IST IMMER NOCH DABEI, SEIN MITTAGESSEN ZU **VERDAUEN**.

VERFEHLEN

SCHIMPA WILL EIN BILD AUFHÄNGEN, DOCH ER HAT MIT DEM HAMMER DEN NAGEL **VERFEHLT**.

VERGESSEN

BAUER GRUNZKE ÖFFNET DIE HAUSTÜRE. ER HAT VÖLLIG **VERGESSEN**, DASS ART PINSEL SIE GERADE FRISCH STREICHT!

VERKLEIDEN

JUMBO HAT SICH ALS ZEBRA **VERKLEIDET**, TROTZDEM ERKENNT MAN IHN SOGLEICH.

VERKNÜPFEN

SCHIMPA HAT DIE SCHWÄNZE VON KOKODRILL UND RINGELFRATZ **VERKNÜPFT**.

VERKEHRSHINDERNIS

TIGERCHEN IST EIN **VERKEHRSHINDERNIS**.

VERLASSEN

AUSSER DEM KAPITÄN HABEN ALLE DAS SCHIFF **VERLASSEN**.

VERLEGEN

PIEPSMAUS HAT EINEN LUSTIGEN ELEFANTENWITZ ERZÄHLT. JETZT IST ER GANZ **VERLEGEN**.

VERLETZEN

QUACK SCHAUT NACH, OB IN DEM UMGESTÜRZTEN AUTO JEMAND **VERLETZT** WORDEN IST.

VERLIEREN

SCHON WIEDER **VERLIERT** WOLF ATTILA SEINE HOSE. ER SCHÄMT SICH SEHR.

VERSCHWINDEN

LEONSTEIN KANN NICHT VERSTEHEN, WOHIN DIE ZAHLEN PLÖTZLICH **VERSCHWINDEN**.

VERSPÄTEN

IMMEREILIG HAT SICH **VERSPÄTET**, ABER MIT SCHILDAS HILFE WIRD SIE DOCH NOCH RECHTZEITIG EINTREFFEN.

VERSTECK

SCHIMPA HAT BONGOS BANANEN GEKLAUT. JETZT BRAUCHT ER SCHNELL EIN **VERSTECK**.

VERWECHSELN

KÄFERCHEN DREIPÜNKTCHEN HAT KÄFERCHEN VIERPÜNKTCHEN GEGRÜSST. ER HAT ES MIT KÄFERCHEN FÜNFPÜNKTCHEN **VERWECHSELT**.

VERSTOPFEN

NUN IST HIPPOS INSTRUMENT NICHT MEHR **VERSTOPFT**.

VERZIEREN

MÄUSCHEN LEA HAT IHREN HUT MIT FRISCHEN BLUMEN **VERZIERT**.

VORBEREITEN

DA HIPPO BAUCHWEH HAT, LÄDT JOHANN EBEN WETZ ZUM FERTIG **VORBEREITETEN** ESSEN EIN.

VORFÜHREN

SCHILDA MUSS MAMA LAMPE GLEICH DEN NEUEN STAUBSAUGER **VORFÜHREN**.

VORHER

ES WÄRE KLÜGER, **VORHER** DIE FÜSSE ALS NACHHER DEN TEPPICH ZU REINIGEN.

VORLESEN

BAUER GRUNZKE IST BEIM **VORLESEN** DES MÄRCHENS VON DORNRÖSCHEN SELBST EINGESCHLAFEN.

VORRAT

PRACHTWEDEL DENKT BEIZEITEN DARAN, SICH FÜR DEN WINTER EINEN **VORRAT** ANZULEGEN.

VORSICHTIG

OSKAR IST **VORSICHTIG** GEWORDEN. ER SCHÜTZT SEINEN KOPF MIT EINEM HELM.

VORTEIL

ES IST VON **VORTEIL**, WENN MAN AUCH AUF DEM RÜCKEN SCHWIMMEN KANN.

WÜSTE

W w

WAAGE

DER SCHLAUE SPÜRHUND KANN KAUM GLAUBEN, DASS AUF DER **WAAGE** EIN KILO STROH UND EIN KILO BLEI GLEICH SCHWER SIND.

WAHRSCHEINLICH

TEDDY HAT BAUCHWEH! **WAHRSCHEINLICH** HAT ER ZU VIEL KONFITÜRE GENASCHT.

WARTEN

„**WARTET** DOCH!", RUFT JUMBO. „DIE ZIELSCHEIBE IST NOCH NICHT AN ORT UND STELLE!"

WASSER

„ACH, KÖNNTE ICH MICH DOCH AUCH MIT EUCH IM **WASSER** VERGNÜGEN!"

WEDELN

BULL, SCHNÄUZCHEN UND TIMMY HABEN EINE WETTE ABGESCHLOSSEN, WER AM LÄNGSTEN **WEDELN** KANN.

WEHMUT

VOLLER **WEHMUT** DENKT DER UNGLÜCKSRABE AN DIE ZEITEN ZURÜCK, ALS ER NOCH WEICHE FEDERN AUF SEINEM HAUPT HATTE.

WEGSTRECKE

RADI UND IMMEREILIG HABEN DIE GLEICHE IDEE, WIE SIE DIE **WEGSTRECKE** ABKÜRZEN KÖNNEN.

WEICH

FLÄUMCHENS FELL IST SO **WEICH**, DASS SICH OFT EINE MEISE AUF SEINEN KOPF SETZT.

WEIHNACHTEN

ENDLICH IST **WEIHNACHTEN** GEKOMMEN! WEISST DU, FÜR WEN WELCHES GESCHENK IST?

WENDIG

ZIPP IST VIEL WENIGER STARK ALS JUMBO, DAFÜR IST ER VIEL **WENDIGER**.

WENN

SNIFF WÜNSCHT SICH OFT: „**WENN** ICH DOCH EINMAL GRÖSSER WÄRE ALS KATER KRATZ!"

WERDEN

BULL WILL POLIZIST **WERDEN**. ZUERST MUSS ER DIE VERKEHRSZEICHEN KENNEN LERNEN. HILFST DU IHM DABEI?

WERFEN

ABFÄLLE DARF MAN NICHT ZU BODEN **WERFEN**!

WERTVOLL

HOFFENTLICH FINDET DOKTOR VIELFLECK DIE **WERTVOLLE** HALSKETTE, WELCHE STRUZZI VERSCHLUCKT HAT.

WESHALB

JETZT WEISST DU, **WESHALB** SPITZZAHN SO HEISST.

WIDERSTEHEN

WETZ KONNTE DER VERSUCHUNG NICHT **WIDERSTEHEN**, EINEN APFEL MITZUNEHMEN.

WIEDER

„HIPPO HAT SCHON **WIEDER** GEMERKT, DASS WIR IN DER KÜCHE STEHEN!"

WIE VIEL

WIE VIELE BANANEN HAT BONGO GEGESSEN?

WILDER WESTEN

WENN TEDDY IM **WILDEN WESTEN** LEBEN KÖNNTE, WÄRE ER AM LIEBSTEN EIN:

WILLKOMMEN

ROBINSON IST HEIMGEKEHRT! ALLE HEISSEN IHN MIT FREUDE **WILLKOMMEN**.

WINDSTOSS

EIN EINZIGER **WINDSTOSS** KANN VIEL SCHADEN ANRICHTEN.

WINKEN

FRANZ GLAUBT, TEDDY **WINKE** IHM ZU. DABEI KANN TEDDY NICHT SCHWIMMEN!

WISSEN

WIE KONNTE SNIFF **WISSEN**, DASS ER DAS STÜCK KÄSE SO TEUER BEZAHLEN MUSS.

WOHNEN

HIER **WOHNT** TIP TAP!

WOLLEN

JUMBO **WILL** AUCH SCHWIMMEN KÖNNEN.

WÜNSCHEN

WAS **WÜNSCHT** SICH WOHL RADI NOCH ZUM ESSEN?

WORTWECHSEL

KRÄHLAUT UND GACKERVIEL HABEN EINEN **WORTWECHSEL** WEGEN EINES WURMES.

WÜSTE

SCHIMPA IST ÜBER JEDEN SCHATTEN FROH, DEN ER IN DER **WÜSTE** FINDEN KANN.

WUTANFALL

ZICK HAT EINEN **WUTANFALL**: ZUM DRITTEN MAL HAT QUACK BEIM BLUMENGIESSEN IHN GLEICH MITBEGOSSEN.

Z z

ZEBRA

ZÄHLEN

SCHIMPA SOLLTE NUR **ZÄHLEN**, WIE VIELE BANANEN AN DEM STRUNK WAREN.

ZAHLTAG

AM **ZAHLTAG** IST MISTER DOLLAR BESONDERS VORSICHTIG.

ZAHNARZT

BEIM **ZAHNARZT** LÄSST KOKODRILL GERNE ANDEREN DEN VORTRITT.

ZAUBERHUT

DER UNGLÜCKSRABE HAT SEINE KOPFBEDECKUNG MIT DEM **ZAUBERHUT** EINES MAGIERS VERWECHSELT.

ZEICHEN

QUACK GIBT PARDY HEFTIGE **ZEICHEN**, UM IHN VOR DEN GEFAHREN DER STROMLEITUNG ZU WARNEN.

ZEITUNG

NIE KANN PAPA LAMPE IN RUHE SEINE **ZEITUNG** LESEN!

ZIEHEN

MANCHMAL MUSS DOKTOR VIELFLECK ZÄHNE **ZIEHEN**. HEUTE MUSS ER SOGAR EINEN PATIENTEN UNTER DEM STUHL HERVOR**ZIEHEN**! „FLÄUMCHEN, DU MUSST KEINE ANGST HABEN!"

ZIMPERLICH

„SEI NICHT SO **ZIMPERLICH**!", SAGT KATER KRATZ.

ZIEL

EIN GUTER WURF! WENN SICH NUR NICHT DAS **ZIEL** BEWEGT HÄTTE...

ZIRKEL

RINGELFRATZ WEISS SICH AUCH OHNE **ZIRKEL** ZU HELFEN.

ZIRPEN

TIP TAP IST VOM VIELEN
ZIRPEN MÜDE GEWORDEN.

ZITTERN

PARDY RETTET DIE DREI **ZITTERNDEN**
MÄUSCHEN AUS GRÖSSTER NOT.

ZÖGERN

SPITZZAHN **ZÖGERT** NOCH, OB ER SEIN
KANU IN DEN REISSENDEN FLUSS SETZEN
SOLL.

ZUBEREITEN

DIE DREI MÄUSCHEN HABEN FÜR SNIFF
EINE TORTE **ZUBEREITET**. ABER
KATER KRATZ KOMMT IHM ZUVOR...

DIES IST DER VERRÜCKTESTE **ZIRKUS** DER WELT!

ZUERST

ZUERST HABEN NUR ZWEI GESTRITTEN. JETZT MACHEN ALLE MIT.

ZUFALL

WELCH EIN **ZUFALL**! MAMA LAMPE UND FRAU GRUNZKE HABEN DEN GLEICHEN HUT GEKAUFT.

ZUFRIEDEN

IGELCHEN IST MIT SEINEM NEUEN HAARSCHNITT **ZUFRIEDEN**.

ZUKUNFT

„ICH SEHE IN IHRER **ZUKUNFT** VIELE EIER!"

ZURÜCK

STRUZZI MACHT MIT TIGERCHEN EINE KLEINE AUSFAHRT. ER HÄNGT EIN SCHILD AN DIE TÜRE.

ZUSAMMEN

BLÄTTCHEN IST NASS GEWORDEN. MAMA LAMPE HÄNGT IHN **ZUSAMMEN** MIT DER WÄSCHE ZUM TROCKNEN AUF.

ZUSAMMENTREFFEN

„DASS WIR AUSGERECHNET HIER **ZUSAMMENTREFFEN**!"

ZWINGEN

DIE DREI MÄUSCHEN **ZWINGEN** BONGO, DIE BANANENSCHALE AUFZUHEBEN.

ZWISCHEN

ZWISCHEN PRACHTWEDEL UND RAFI BESTEHT EINE ALTE FREUNDSCHAFT.

ZU VIEL

STRUZZI HAT **ZU VIEL** VON DEM WUNDERMITTEL FÜR FEDERN GENOMMEN.

JETZT VERKAUFT ER DIE FEDERN, DIE ER NICHT BRAUCHT, UND ERHÄLT AUCH NOCH SEIN GELD ZURÜCK.

„Na warte, dich erwische ich schon noch..."

„Was will der nur von mir?"

„Habe ich dich endlich geschnappt!"

„Und nun in die Waschmaschine -
du kleiner Käsestinker..."

ALPHABET

AUF WELCHEN SEITEN FINDEST DU DIE JEWEILIGEN BUCHSTABEN DES **ALPHABETS**?

Aa 

Bb 

Cc 

Dd 

Ee 

Ff 

Gg 

Hh 

Ii 

Jj 

Kk 

Ll 

Mm 

Nn 

Oo 

Pp 

Qq

Rr 

Ss 

Tt 

Uu 

Vv 

Ww 

Xx 

Yy 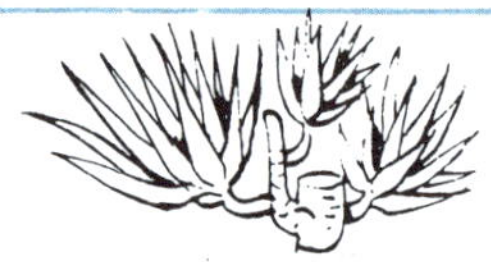

Zz